EINFACH GUT

Anneliese und Gerhard Eckert

Köstliches aus dem Tontopf

FALKEN

Inhalt

Zu diesem Buch

Der Tontopf hat eine lange Tradition. Bereits die alten Römer wußten um seine zahlreichen Vorteile. Dieses Wissen wurde bis in die Gegenwart überliefert, und die Zubereitung von Speisen im »Tontopf« bzw. »Römertopf« ist noch heute eine beliebte Garmethode. Unterschiedlichste Gerichte werden mit einem Minimum an Flüssigkeit – oder sogar ganz ohne – darin gegart. Auf diese Weise bleiben Saft, Aroma, Geschmack und Mineralstoffe erhalten und werden nicht mit dem überschüssigen Kochwasser abgegossen. Das Wasser in den Tonporen bildet bei der langsamen Erwärmung eine feine Dunstschicht, sowohl um den Topf herum, als auch in seinem Inneren. Dadurch wird das Austrocknen der Gerichte verhindert. Der Braten wird außen schön knusprig und bleibt innen dennoch saftig.
Der Tontopf ist auch für die Zubereitung von Schonkost vorzüglich geeignet, da beim Garen auf die Zugabe von Fett völlig verzichtet werden kann. Das spart auch Kalorien.
Der Tontopf ist zudem äußerst vielseitig verwendbar, neben Eintöpfen und leckeren Fleisch- und Geflügelgerichten lassen sich erlesene Fischkreationen sowie Gemüse in allen Variationen und verführerisch süße Aufläufe zubereiten.
Für das perfekte Gelingen sorgt die bunte Auswahl an Rezepten in diesem Buch. Die Angaben über den Fotos informieren Sie über Zeitaufwand und den charakteristischen Geschmack. Wir rechnen:

braucht Zeit = Zubereitungszeit 1/2 bis 1 1/2 Stunden;
zeitintensiv = Zubereitungszeit über 1 1/2 Stunden.

Zusätzlich finden Sie noch Informationen zu den jeweiligen Kalorienangaben sowie eine empfohlene Beilage zu jedem Gericht.
Generell sind die Zutaten jeweils für 4 Personen berechnet, wobei sich die Mengenangaben in der Zutatenliste auf die ungeputzte Rohware beziehen. In der Zubereitungsanweisung wird das Waschen und Putzen von Gemüse, Obst und Kräutern, Fleisch, Geflügel und Fisch vorausgesetzt.
Was Ihren Herd betrifft, gilt folgende Umrechnungstabelle:

Elektrobackofen	Heißluftbackofen	Gasherd
200 °C	160 °C	4 oder 5
225 °C	180 °C	5 oder 6

Abkürzungen:

EL	= Eßlöffel (gestrichen)
TL	= Teelöffel (gestrichen)
Msp.	= Messerspitze
TK-...	= Tiefkühl-...
l	= Liter
ml	= Milliliter
kg	= Kilogramm
g	= Gramm
kcal	= Kilokalorien
ca.	= circa
Min.	= Minute(n)
Std.	= Stunde(n)
°C	= Grad Celsius

Die Kalorienangaben beziehen sich immer auf 1 Portion.
Die Gerichte sind für 4 Personen gedacht.
Die Anordnung der Gerichte auf den Fotos entspricht der Reihenfolge der Rezepte auf der Seite.

Tips und Tricks zum richtigen Umgang

Tontöpfe gibt es in verschiedenen Größen und Formen – wie andere Kochtöpfe auch. Die Größe richtet sich nach der Anzahl der Personen, für die Sie kochen. Falls Sie bereits einen Tontopf haben, sollten Sie ihn durch einen zweiten – in der dazu passenden Größe – ergänzen, um nach Belieben abwechseln zu können. Ein zu großer Tontopf kann ebenso ungünstig sein wie ein zu kleiner.
Die kleinste Größe reicht für einen Single-Haushalt, allerhöchstens für ein Ehepaar mit nicht allzu großem Appetit. Eine mittlere Größe versorgt bis zu 4 Personen, ist aber auch für 2 Personen geeignet, denn man kann ja »auf Vorrat« kochen. Eine Familie mit Kindern sollte sich für den großen Tontopf entscheiden und einen zweiten in Reserve haben.
Richten Sie sich bitte nach diesen Hinweisen, wenn Sie sich erst auf das Kochen mit dem Tontopf einstellen müssen:
1. Regel: Vor jedem Benutzen des Tontopfs füllen Sie ihn mit kaltem Wasser und lassen ihn etwa eine Viertelstunde stehen.
Dann können Sie das Wasser abgießen und das Gericht hineinfüllen.
2. Regel: Verwenden Sie den Tontopf nur im Backofen und niemals auf der elektrischen Kochplatte oder Gasflamme. Ebenso ungeeignet ist die Mikrowelle! Ausnahme sind eigens für dieses Gerät hergestellte Töpfe.
3. Regel: Setzen Sie den Tontopf zum Garen immer auf die unterste Schubleiste in den kalten Backofen und stellen Sie erst dann die gewünschte Temperatur ein. Da der Backofen des Gasherds im Gegensatz zum Elektroherd sofort die volle Hitze liefert, tun Sie gut daran, den Gasherd stufenweise aufzuheizen, bis Sie die erwünschte Hitze haben.
Das Wässern des Tontopfes hat folgende Gründe:
1. Die Poren des Tontopfs füllen sich mit Wasser, das beim Garen wieder abgegeben wird. Andernfalls würde nämlich der Tontopf die Flüssigkeit aus den im Inneren zu garenden Zutaten ziehen.
2. Die Poren würden sich beim Verzicht auf das Wässern mit dem Aroma der jeweiligen Speise füllen, und das könnte sich beim nächsten Gebrauch des Tontopfs unangenehm bemerkbar machen. Das Wässern neutralisiert also auch den Geschmack.
Reinigen Sie den Tontopf nur mit heißem Wasser, ohne Zusatz eines Spülmittels, und mit einer Bürste. Knoblauch- und Fischgeruch entfernen Sie spurlos, indem Sie dem letzten Spülwasser einen Schuß Essig zugeben. Wenn Sie Tontöpfe mit heißem Wasser und einer Bürste reinigen und vor dem Gebrauch 15 Minuten mit Wasser füllen, haben Sie alles für Reinheit und unverfälschten Geschmack getan.
Stellen Sie den Tontopf quer und nicht längs in den Backofen. So läßt sich der Topf an seinen beiden Griffen mittels Topflappen leichter herausnehmen.
Sobald der verschlossene Tontopf im Backofen und die vorgesehene Temperatur eingeschaltet ist, müssen Sie eigentlich nur noch die angegebene Garzeit einhalten. Nichts kann überkochen, anbrennen oder sich absetzen. Der Tontopf sorgt von sich aus für einwandfreies Garen. Darüber hinaus hilft er Zeit einzusparen.
Allerdings wird beim Garen mit dem Tontopf im Backofen mehr Energie verbraucht als auf der Kochplatte. Doch können Sie die Hitze nutzen, um ein zweites Gericht oder eine Beilage in einem zweiten Tontopf im Ofen mitzugaren.
Zu den Vorzügen des Tontopfes gehört es, daß Sie die fertige Mahlzeit im Topf auf den Tisch bringen können. Damit sparen Sie Geschirr, und die Speisen bleiben warm. Wenn Sie wollen, können Sie das im Tontopf gegarte Gericht noch etwas ziehen lassen. Falls Sie im Eßzimmer servieren, reicht die Zeit des Auftragens zum Ziehen völlig aus. Stellen Sie den heißen

Tontopf dann auf eine zimmerwarme Untersetzplatte.

Das ist auch schon alles, was Sie beim Umgang mit dem Tontopf beachten müssen; bald wird es für Sie selbstverständlich sein. Erweitern Sie Ihr kulinarisches Repertoire mit Gerichten aus dem Tontopf – für mehr Geschmack und Bekömmlichkeit!

Was können Sie im Tontopf zubereiten? Diese Frage, die sich Köchin oder Koch sicher stellen, läßt sich ganz allgemein so beantworten: außer Kurzgebratenem beinahe alles. Der Tontopf ist ein universales Gargerät, in dem Sie kochen, braten und backen können. Sie können Herzhaftes ebenso wie Süßes zubereiten. Der Tontopf eignet sich für Fleisch wie für Fisch, für Gemüse wie für Aufläufe. Sie brauchen nur die folgenden Rezepte einmal durchzublättern, um zu sehen, was Ihnen alles im Tontopf gelingt – bestimmt weit mehr, als Sie vermutet haben. Aber das ist selbstverständlich nur ein Teil von dem, was der Tontopf für Sie leisten kann. Geradezu ideal ist der Tontopf für alle Aufläufe. Ob von Gemüse, Fleisch, Fisch oder Süßem – selbst weniger erfahrene Köchinnen und Köche bereiten im Tontopf die leckersten Aufläufe zu, denn im Tontopf behält jede Zutat ihren vollen Eigengeschmack.

Die gehobene Küche kommt natürlich nicht zu kurz. Alle Arten von Fleisch und Fisch entfalten bei der Zubereitung im Tontopf einen besonderen Wohlgeschmack. Nur ein Beispiel: Wer seinen Fasan zusammen mit Weinsauerkraut oder Ananassauerkraut im Tontopf garen läßt, kann eine wahrhaft köstliche Mahlzeit genießen, zu der nur noch Kartoffelpüree gehört. Ein Festessen, das eines Feiertags würdig ist und doch keinen zeitraubenden Küchenaufenthalt erfordert.

Lassen Sie sich von den hier beschriebenen Rezepten anregen, so oft wie möglich zu Ihrem Tontopf zu greifen. Sicher werden Sie und Ihre Familie rasch zu überzeugten Anhängern dieser traditionellen Garmethode.

EINTÖPFE UND GEMÜSE

Deftige oder pikante Eintöpfe und knackiges Gemüse gelingen im Tontopf nicht nur perfekt, sondern behalten zusätzlich wertvolle Mineralstoffe und ihr volles Aroma. Rundherum ein gesunder Genuß also, der, mit Bauernbrot , Baguette, Reis oder Kartoffeln ergänzt, jeden noch so anspruchsvollen Gaumen zufriedenstellt.

Bohneneintopf

- Zubereitungszeit: ca. 2 Stunden
- Zeit zum Einweichen: über Nacht
- ca. 750 kcal je Portion
- Dazu paßt Weißbrot

500 g getrocknete weiße Bohnen
1 Beinscheibe vom Rind (ca. 500 g)
Salz
1 Lorbeerblatt
5 Pimentkörner
je 250 g Kartoffeln, Möhren und Porree
2 Tomaten (ca. 200 g)
1 TL gekörnte Fleischbrühe
2 EL Weinessig
1 Prise Zucker
1 Zweig frisches Bohnenkraut
2 EL fein gehackte Petersilie

1. Die Bohnen über Nacht im kalten Wasser zugedeckt einweichen.

2. Das Fleisch in einen großen Tontopf geben. Etwa 1,5 Liter Einweichwasser der Bohnen mit Salz, Lorbeerblatt, Pimentkörnern und den Bohnen über das Fleisch gießen.

3. Den Topf verschließen, in den kalten Ofen schieben und im Elektroherd bei 225 °C etwa 50 Minuten garen.

4. Die Kartoffeln würfeln, die Möhren und den Porree in Scheiben schneiden. Die Tomaten kreuzweise leicht einritzen, überbrühen, häuten und würfeln.

5. Das Gemüse in die Fleischbrühe geben und mit gekörnter Brühe, Essig und Zucker würzen. Das Bohnenkraut hinzufügen und dann alles im geschlossenen Tontopf weitere 40 Minuten garen.

6. Das Fleisch aus der Gemüsebrühe nehmen, vom Knochen lösen, kleinschneiden und zurück in den Topf geben, das Bohnenkraut entfernen, das Ganze mit der Petersilie bestreuen.

Variation:
Sie können das Beinfleisch auch durch andere Fleischarten, z. B. Schwein oder auch Lamm ersetzen.

Porree-Eintopf

- Zubereitungszeit: ca. 1 1/4 Std.
- ca. 340 kcal je Portion
- Dazu paßt Baguette

400 g Suppenfleisch
gut 1 l Fleischbrühe
1 Lorbeerblatt
5 Pimentkörner
Salz
500 g Porree
2 Möhren
1 EL fein gehackte Petersilie

1. Das Fleisch in den Tontopf legen, die Fleischbrühe darübergießen, Lorbeer, Piment und Salz hinzufügen.

2. Den Topf verschließen, in den kalten Ofen stellen und den Eintopf im Elektroherd bei 200 °C etwa 1 Stunde garen.

3. Den Porree in Ringe schneiden, die Kartoffeln würfeln, die Möhren grob raspeln. Alles in die Brühe geben und noch 1 Stunde mitgaren.

4. Das Fleisch herausnehmen und würfeln. Den Eintopf mit Salz abschmecken und mit der Petersilie bestreuen.
(auf dem Foto oben)

Weißkohleintopf

- Zubereitungszeit: ca. 3 3/4 Std.
- ca. 620 kcal je Portion
- Dazu paßt ein Glas kühles Weißbier

400 g Schweinenacken
100 g durchwachsener geräucherter Speck
1 große Zwiebel
2 EL Tomatenketchup
1/2 TL Kümmel
Salz
frisch gemahlener Pfeffer
600 g Kartoffeln
750 g Weiß-,Wirsing- oder Spitzkohl

1. Das Fleisch und den Speck klein würfeln. Die Zwiebel fein hacken. Mit dem Fleisch und dem Speck unter Rühren in einer Pfanne goldbraun rösten. Alles in einen Tontopf füllen.

3. Mit 1/2 Liter Wasser den Bratensatz in der Pfanne loskochen und die Brühe mit Tomatenketchup, Kümmel, Salz und Pfeffer abschmecken. Über das Fleisch gießen.

3. Den Tontopf verschließen, in den kalten Ofen schieben und den Eintopf bei 200 °C etwa 110 Minuten garen. Die Kartoffeln und den Kohl in Stücke schneiden. Zum Fleisch geben und weitere 70 Minuten garen. Nochmals durchrühren und mit Salz und Pfeffer abschmecken.
(auf dem Foto unten)

BRAUCHT ZEIT · **HERZHAFT**

ZEITINTENSIV · **DEFTIG**

Gefüllte Gurken

- Zubereitungszeit: ca. 1 1/2 Std.
- ca. 200 kcal je Portion
- Dazu paßt Butterreis

2 große Salatgurken
1 rote Paprikaschote
250 g frische Champignons
1 EL fein gehackter Dill
125 g Kräuter-Crème-fraîche
Kräutersalz
frisch gemahlener Pfeffer
2 EL Pflanzenöl

1. Die Gurken schälen, die Enden abschneiden. Die Gurke vierteilen und das Fruchtfleisch mit einem Löffel herauslösen.

2. Für die Füllung die Paprikaschote würfeln. Die Champignons fein hacken, das Gurkenfruchtfleisch mit einer Gabel zerdrücken. Alles mit dem Dill unter die Crème fraîche rühren. Mit Kräutersalz und Pfeffer kräftig abschmecken und drei Viertel davon in die ausgehöhlten Gurken füllen.

3. Die Gurken in den Tontopf setzen, mit dem Rest der Füllung belegen und etwas Öl darüberträufeln.

4. Den Tontopf verschließen, in den kalten Ofen schieben und die gefüllten Gurken bei 200 °C etwa 1 Stunde garen.
(auf dem Foto oben)

Gefüllte Paprikaschoten

- Zubereitungszeit: ca. 1 3/4 Std.
- ca. 300 kcal je Portion
- Dazu paßt Reis

250 g TK-Erbsen
250 g Kartoffeln
4 gelbe Paprikaschoten
250 g frische Champignons
200 g Crème fraîche
Salz, Cayennepfeffer
1 Spritzer Zitronensaft

1. Die Erbsen auftauen lassen. Die Kartoffeln in 20 Minuten garen.

2. Von den Paprikaschoten inzwischen einen »Deckel« abschneiden, die Paprikaschoten entkernen und die weiße Haut aus dem Inneren entfernen. Die Pilze blättrig schneiden. Die Kartoffeln pellen und noch warm würfeln.

3. Die Pilze, Kartoffeln und Erbsen mit der Crème fraîche mischen. Mit Salz, Cayennepfeffer und Zitronensaft kräftig abschmecken.

4. Ein Viertel der Masse in den Tontopf geben und mit dem Rest die Paprikaschoten füllen, sie in den Tontopf setzen und die »Deckel« darauf setzen.

5. Den Tontopf verschließen, in den kalten Ofen schieben und die Paprikaschoten bei 200 °C im Elektroherd 1 1/4 Stunden garen.
(auf dem Foto unten)

BRAUCHT ZEIT · **KNACKIG**

ZEITINTENSIV · **KNACKIG**

Champignons in Tomaten

- Zubereitungszeit: ca. 1 1/2 Std.
- ca. 260 kcal je Portion
- Dazu passen Bratkartoffeln

250 g frische Champignons
8 gleich große Tomaten
125 g Kräuter-Crème-fraîche
2 TL gerebelter Oregano
1 EL fein gehackte Petersilie
Kräutersalz
frisch gemahlener Pfeffer
2 EL Pflanzenöl

1. Die Champignons fein hacken. Von den Tomaten einen »Deckel« abschneiden, dann die Tomaten mit einem Teelöffel vorsichtig aushöhlen.

2. Das Tomatenfleisch mit einer Gabel zerdrücken und mit den Champignons, der Kräuter-Crème-fraîche, dem Oregano und der Petersilie mischen. Mit Kräutersalz und Pfeffer kräftig abschmecken.

3. Die Tomaten mit der Masse füllen, die »Deckel« darauf setzen und die Tomaten in den Tontopf setzen. Eventuellen Rest der Füllung um die Tomaten geben. Die Tomaten mit Öl beträufeln.

4. Den Tontopf verschließen, in den kalten Ofen schieben und die gefüllten Tomaten im Elektroherd bei 200 °C etwa 1 Stunde garen.

Gefüllte Champignons

- Zubereitungszeit: ca. 1 ¼ Std.
- ca. 190 kcal je Portion
- Dazu paßt grüner Salat

24 große Champignons (ca. 500 g)
1 Knoblauchzehe
200 g Hackfleisch (Rind oder Schwein)
1 Ei
1 EL Semmelbrösel
Salz
frisch gemahlener Pfeffer

1. Bei den Champignons die Stiele herauslösen und sie fein hacken. Die Knoblauchzehe fein schneiden. Mit dem Hackfleisch, dem Ei, den Semmelbröseln und 1 Eßlöffel Wasser zu einem geschmeidigen Teig verarbeiten. Mit Salz und Pfeffer würzen.

2. Die Masse in die Champignonköpfe füllen und mit der Öffnung nach oben in den Tontopf setzen.

3. Den Topf verschließen und in den kalten Ofen schieben. Die Champignons im Elektroherd bei 200 °C etwa 50 Minuten garen.

Auberginen in Tomatensauce

- Zubereitungszeit: ca. 1 1/4 Std.
- ca. 480 kcal je Portion
- Dazu paßt Reis

Für die Füllung:
1 große Zwiebel
250 g Lammhackfleisch
2 EL Olivenöl
1 Knoblauchzehe
1 Ei
4 EL Haferflocken
60 g süße Sahne
Salz
frisch gemahlener Pfeffer

Für die Auberginen:
2 Auberginen
Saft von 1 Zitrone
1 EL Olivenöl
400 g Tomaten

Für die Sauce:
400 g Tomaten
90 ml Sahne
Salz
frisch gemahlener Pfeffer

Außerdem:
frische Basilikumblätter

1. Die Zwiebel kleinhacken, zusammen mit dem Hackfleisch in Öl scharf anbraten, dann abkühlen lassen.

2. Die Knoblauchzehe fein hacken. Das Hackfleisch mit dem Ei, den Haferflocken und der Sahne zu einem Teig verarbeiten, mit Knoblauch, Salz und Pfeffer abschmecken.

3. Die Auberginen der Länge nach halbieren. Die Kerne mit einem Löffel herauslösen. Die Schnittflächen mit Öl beträufeln und mit Zitronensaft beträufeln. Das Hackfleisch in die Auberginenhälften füllen.

4. Die Tomaten mit kochendem Wasser überbrühen, enthäuten. Die Tomaten mit dem Auberginenmark durch ein Sieb passieren. Das Fruchtmark mit der Sahne verrühren, mit Salz und Pfeffer würzen und in den Tontopf geben.

5. Die Auberginen mit der Füllung nach oben auf das Püree setzen und den Tontopf verschließen.

6. Den Tontopf in den kalten Ofen schieben und die Auberginen im Elektroherd bei 200 °C etwa 1 Stunde garen. Vor dem Servieren mit den Basilikumblättern garnieren.

Tip:
Sie können die gegarten Auberginen auch noch gratinieren. Dazu bestreuen Sie die Auberginen mit geriebenem Käse, schieben den offenen Topf auf die höchste Schubleiste und lassen die Auberginen in 5 bis 7 Minuten überbacken.

Variation:
Sie können statt der Auberginen auch 4 mittelgroße Zucchini verwenden. Füllen Sie sie wie beschrieben, und gratinieren Sie sie zum Schluß noch 5 bis 7 Minuten, nachdem Sie die gefüllten Zucchini mit geriebenem Käse bestreut haben.

Ratatouille

- Zubereitungszeit: ca. 1 1/2 Std.
- ca. 320 kcal je Portion
- Dazu paßt Fladenbrot

500 g rote und gelbe Paprika
250 g Zucchini
250 g Auberginen
2 Zwiebeln
250 g Champignons
100 ml Olivenöl
1 Lorbeerblatt
250 g passierte Tomaten (Fertigprodukt)
Salz, frisch gemahlener Pfeffer
1 TL gerebelter Thymian
2 EL fein gehackte Petersilie

1. Die Paprikaschoten halbieren, entkernen und würfeln. Die Zucchini und die Auberginen in Scheiben, die Zwiebeln in Ringe schneiden. Die Champignons eventuell halbieren.

2. Das Gemüse in Öl andünsten. Dann mit dem Lorbeerblatt in den Tontopf geben.

3. Die Tomaten mit Salz, Pfeffer und Thymian kräftig würzen und über das Gemüse gießen.

4. Den Tontopf verschließen und in den kalten Ofen schieben. Die Ratatouille im Elektroherd bei 200 °C 1 Stunde garen.

5. Vor dem Anrichten das Gemüse noch einmal vorsichtig umrühren, das Lorbeerblatt entfernen und das Gemüse mit Petersilie bestreuen.

Weinsauerkraut

- Zubereitungszeit: ca. 2 ¼ Std.
- ca. 180 kcal je Portion
- Paßt zu Eisbein

1 kg Sauerkraut
1 große Zwiebel
4 säuerliche Äpfel
10 Wacholderbeeren
5 weiße Pfefferkörner
1 Lorbeerblatt
Salz
1 Prise Zucker
2 TL gekörnte Brühe
250 ml trockener Weißwein

1. Das Sauerkraut ausdrücken und die Hälfte in den Tontopf füllen.

2. Die Zwiebel und die Äpfel in dünne Scheiben schneiden und über das Sauerkraut verteilen. Die Wacholderbeeren und Pfefferkörner darüberstreuen und das Lorbeerblatt dazugeben. Das restliche Sauerkraut darauf schichten und mit Salz, Zucker und der gekörnten Brühe bestreuen. Zum Schluß mit dem Wein übergießen.

3. Den Tontopf verschließen und in den kalten Ofen schieben. Das Sauerkraut im Elektroherd bei 200 °C in etwa 2 Stunden garen.

4. Vor dem Anrichten das Sauerkraut umrühren und dabei das Lorbeerblatt herausnehmen.

Gemüsetopf aus der Provence

- Zubereitungszeit: ca. 1 1/2 Std.
- ca. 530 kcal je Portion
- Dazu paßt Baguette

500 g Kartoffeln
1 grüne Paprikaschote
2 große Zwiebeln
2 Knoblauchzehen
1 Aubergine
250 g Zucchini
750 g Fleischtomaten
Salz
frisch gemahlener Pfeffer
1 Msp. gemahlener Kümmel
5 EL Olivenöl
2 TL gerebelter Majoran
4 Scheiben Greyerzer (ca. 100 g)
4 EL fein gehackte Kräuter (Provence-Mischung oder Estragon, Kerbel, Petersilie)

1. Die Kartoffeln schälen. Die Paprikaschote halbieren, den Stielansatz und die Kerne entfernen, die Schote in Streifen schneiden. Die Zwiebeln und die Knoblauchzehen fein hacken. Die Aubergine und die Zucchini in Scheiben schneiden. Die Tomaten überbrühen, kalt abschrecken, enthäuten und in Scheiben schneiden.

2. Die Kartoffeln mit dem Gurkenhobel in feine Scheiben schneiden, in den Tontopf schichten. Mit Salz, Pfeffer und Kümmel bestreuen.

3. Das Gemüse – bis auf die Tomaten – mit 4 Eßlöffeln Öl mischen, mit Salz, Pfeffer und 1 Teelöffel Majoran würzen und über die Kartoffeln schichten. Die Tomatenscheiben gleichmäßig darüber verteilen und mit dem Rest Majoran bestreuen.

4. Den Topf verschließen und in den kalten Ofen schieben. Den Gemüsetopf im Elektroherd bei 200 °C etwa 70 Minuten garen.

5. Den Greyerzer auf die Tomaten legen und mit den Kräutern bestreuen. Den offenen Tontopf auf die höchste Schubleiste in den Ofen stellen und den Gemüsetopf weitere 10 Minuten überbacken.

Tip:

Der Gemüsetopf aus der Provence eignet sich auch bestens als Beilage zu Fleisch- und Geflügelgerichten. Bereiten Sie einfach die halbe Menge zu.

Variation:

Falls Sie den Gemüsetopf deftiger zubereiten wollen, geben Sie noch etwa 300 g gewürfelten gekochten Schinken oder Speck oder 300 g Cabanossi in dünnen Scheiben hinzu.

FLEISCH UND GEFLÜGEL

Knusprig und zart heißt hier die Devise. Die oft schwierige und auch langwierige Zubereitung von Fleisch und Geflügel ist im Tontopf kein Problem. Kein lästiges Wenden oder Umrühren ist nötig, und das Fleisch kann auch nicht anbrennen. Die ideale Zubereitungsmethode also, wenn Feste und Gäste ins Haus stehen.

Ente »Weinberg«

- Zubereitungszeit: ca. 2 ½ Std.
- ca. 960 kcal je Portion
- Dazu passen Kartoffelklöße und grüne Bohnen

1 küchenfertige Ente (ca. 1,5 kg)
Salz
frisch gemahlener Pfeffer
1 kg Weintrauben, gelbe und blaue
150 g Bratwurstfüllung (Brät)
50 g Sonnenblumenkerne
3 EL Sojasauce
1 EL Speisestärke

1. Die Ente innen mit Salz und Pfeffer gut einreiben.

2. Einige Weintrauben entkernen. Das Brät mit den Sonnenblumenkernen und den Weintrauben mischen. Die Masse in die Ente füllen, den Bauch zustecken oder mit einem Garn zunähen.

3. Die Ente rundherum mit kochendem Wasser begießen, damit sich die Poren schließen. Dann mit dem Bauch nach unten in den Tontopf legen.

4. Den Tontopf verschließen und in den kalten Ofen schieben. Die Ente im Elektroherd bei 225 °C 1 1/2 Stunden garen. Das Fett abschöpfen und die Ente umdrehen. 1 Tasse kochendes Wasser angießen und weitere 3/4 Stunden garen. Die restlichen Weintrauben entkernen und zur Ente geben. 1/4 Stunde mitschmoren lassen.

5. Die Ente herausnehmen und mit der Sojasauce bepinseln. Warm stellen. Die Weintrauben herausnehmen und die Ente dann damit garnieren.

6. Die Sauce mit dem Bratensatz aus dem Tontopf in eine Kasserolle geben. Die Speisestärke anrühren, zur Sauce geben und noch einmal aufkochen lassen. Mit Salz und 1 Eßlöffel Sojasauce abschmecken.

Variation:
Probieren Sie dieses Rezept doch einmal mit Rebhuhn.

Geflügelpilaw

- Zubereitungszeit: ca. 1 1/4 Std.
- ca. 440 kcal je Portion
- Dazu paßt ein Glas Roséwein

600 g Geflügelbrust (Poularde oder Pute)
1 große Zwiebel
1 Knoblauchzehe
2 EL Pflanzenöl
1 großer Apfel
100 g Rosinen
180 g Langkornreis
750 ml Fleischbrühe
1/2 TL Ingwerpulver
1 TL Curry
Salz, frisch gemahlener Pfeffer

1. Die Geflügelbrust in Stücke zerlegen und in Streifen schneiden. Die Zwiebel und die Knoblauchzehe fein schneiden.

2. Das Fleisch, die Zwiebel und den Knoblauch in Öl anrösten. Anschließend alles in den Tontopf füllen.

3. Den Apfel fein raspeln, mit den Rosinen und dem Reis in den Tontopf geben.

4. Die Fleischbrühe mit Ingwerpulver und Curry würzen. In den Tontopf geben und alles gut durchrühren. Mit Salz und Pfeffer kräftig abschmecken.

5. Den Tontopf gut verschließen und in den kalten Ofen schieben. Den Geflügelpilaw im Elektroherd bei 200 °C etwa 1 Stunde garen.

6. Den Tontopf öffnen, um den Reis noch 5 Minuten etwas abdämpfen zu lassen.
(auf dem Foto oben)

Variation:
Probieren Sie doch einmal Hirse statt Reis – das Gericht schmeckt dann herzhafter.

Gänseragout mit Maronen

- Zubereitungszeit: ca. 2 1/2 Std.
- ca. 700 kcal je Portion
- Dazu passen Serviettenknödel

600 g Gänsebrust, in Würfeln
(ohne Knochen)
1 große Zwiebel
30 g Butterschmalz
Salz
2 TL gerebelter Majoran
1/2 Glas Madeira
500 g Maronen
2–3 EL feinste Schwarzbrotbrösel

1. Die Gänsebruststücke in mundgerechte Stücke schneiden. Die Zwiebel kleinhacken.

2. Die Fleischwürfel in Butterschmalz kräftig anbraten. Die Zwiebel mitschwitzen.

3. Das Fleisch in den Tontopf geben. Den Bratensatz mit 1/2 Liter Wasser loskochen, mit Salz, Majoran und Madeira abschmecken und über das Fleisch gießen.

4. Den Tontopf verschließen und in den kalten Ofen schieben. Das Gänseragout bei 200 °C etwa 1 1/2 Stunden garen.

5. Die Maronen kreuzweise einschneiden, in kochendem Wasser 5 Minuten garen. Herausnehmen, in kaltem Wasser abschrecken und schälen. Zum Gänsefleisch geben. Nach Belieben noch Schwarzbrotbrösel hinzufügen und das Ganze nochmals abschmecken.

6. Im geschlossenen Tontopf nochmals 1/2 Stunde weitergaren.
(auf dem Foto unten)

BRAUCHT ZEIT · **ORIENTALISCH**

ZEITINTENSIV · **ZART**

Hähnchen auf tunesische Art

- Zubereitungszeit: ca. 1 3/4 Std.
- ca. 380 kcal je Portion
- Dazu paßt ein Glas gespritzter Apfelsaft

1 Hähnchen (ca. 1,5 kg)
Salz, frisch gemahlener Pfeffer
3 TL Paprikapulver, edelsüß
500 g Kartoffeln
2 Fleischtomaten
1–2 Zwiebeln
2 scharfe Peperoni
1 EL Tomatenmark
2 EL Pflanzenöl
1 TL Safran, 1 Prise Zucker
Saft von 1 Zitrone
250 ml Fleischbrühe
1 EL fein gehackte Petersilie
1 EL fein gehackte Zitronenmelisse

1. Die Keulen vom Hähnchen abtrennen, die Brust halbieren. Mit Salz, Pfeffer und 2 Teelöffeln Paprika rundherum einreiben.

2. Kartoffeln schälen, mit den Tomaten und Zwiebeln in Scheiben schneiden. Die Peperoni der Länge nach halbieren.

3. Die Hähnchenviertel und das Gemüse in den Tontopf geben.

4. Tomatenmark mit Öl, Safran, Salz und Pfeffer, Zucker, dem restlichen Paprika, Zitronensaft und Fleischbrühe verrühren. Die Sauce über die Hähnchenteile gießen.

5. Den Tontopf verschließen und in den kalten Ofen schieben. Das Hähnchen im Elektroherd bei 200 °C etwa 1 1/2 Stunden garen. Das Hähnchen vor dem Servieren mit den Kräutern bestreuen.

Hähnchenkeulen mit Zucchini

- Zubereitungszeit: ca. 1 ¾ Std.
- ca. 250 kcal je Portion
- Dazu paßt Reis

1 kg Zucchini
Salz
Rosenpaprika
4 Hähnchenkeulen
200 g saure Sahne
frisch gemahlener Pfeffer
2 EL fein gehackter Dill

1. Die Zucchini in Scheiben schneiden. Die Hälfte in den Tontopf füllen und mit Salz und Pfeffer würzen.

2. Die Hähnchenkeulen mit Salz und Paprika einreiben und sie auf die Zucchini legen. Die restlichen Zucchini darüber verteilen.

3. Die saure Sahne pfeffern, verquirlen und über die Zucchini gießen. Den Topf verschließen, in den kalten Ofen schieben und die Hähnchenkeulen bei 225 °C etwa 90 Minuten garen. Vor dem Servieren mit Dill bestreuen.

Variation:

Sie können statt Zucchini auch Auberginen verwenden.

Gefüllte Putenrouladen

- Zubereitungszeit: ca. 1 3/4 Std.
- ca. 710 kcal je Portion
- Dazu paßt grüner Salat

5 kleine Zucchini
4 dünne Putenschnitzel (je ca. 160 g)
Salz, weißer Pfeffer
2 TL Curry
2 EL scharfer Senf
4 Scheiben roher Schinken
4 EL Pflanzenöl
2 große Zwiebeln
250 ml Fleischbrühe
2 große Tomaten
125 g Crème fraîche

1. Die Zucchini längs oder diagonal auf die Breite der Schnitzel zuschneiden. Jedes Schnitzel mit Salz, Pfeffer und Curry würzen, mit Senf bestreichen und mit je einer Scheibe Schinken und einer Zucchinischeibe belegen. Die Putenschnitzel aufrollen und zusammenstecken.

2. Die Putenrouladen in Öl scharf anbraten, herausnehmen und in den Tontopf legen. Die Zwiebeln würfeln und im Bratenfett goldgelb rösten. Zu den Rouladen geben.

3. Den Bratensatz mit Fleischbrühe loskochen und über die Rouladen gießen.

4. Die Tomaten kreuzweise einritzen, überbrühen, enthäuten und vierteln. Die restlichen Zucchini in Scheiben schneiden und mit den Tomatenvierteln in den Tontopf geben.

5. Den Tontopf verschließen und in den kalten Ofen schieben. Die Rouladen bei 225 °C im Elektroherd etwa 1 Stunde garen.

6. Die Rouladen herausnehmen, die Holzspieße entfernen und warm stellen. Die Sauce pürieren und die Crème fraîche hineinrühren. Mit Salz, Pfeffer und Curry würzig abschmecken.

7. Die Rouladen wieder in die Sauce legen und im verschlossenen Tontopf nochmals 10 Minuten erhitzen.

Variation:

Wenn es etwas feiner schmecken soll, können Sie dieses Gericht zur Abwechslung auch einmal mit Hühner- oder dünnen Kalbsschnitzeln zubereiten. Selbstverständlich eignet sich auch Rouladenfleisch vom Rind dazu, allerdings müssen Sie für die Garzeit 1/2 Stunde mehr einplanen.

Paprikahühnchen

- Zubereitungszeit: ca. 1 3/4 Std.
- ca. 400 kcal je Portion
- Dazu paßt Reis

1 Poularde (ca. 1200 g)
Salz, 1 Knoblauchzehe
2 EL Pflanzenöl
1/2 TL Rosenpaprikapulver, scharf
3 Tomaten
1 Prise Zucker
250 ml trockener Weißwein
2 TL Speisestärke
3 Paprikaschoten, rot, gelb, grün
2 EL fein gehackte Petersilie

1. Die Poularde innen salzen. Die Knoblauchzehe durchpressen und die Poularde innen und außen damit abreiben. Außen mit Öl bestreichen, mit Paprika bestäuben und die Poularde in den Tontopf legen.

2. Die Tomaten kreuzweise einritzen, überbrühen, enthäuten und vierteln. Die Tomatenviertel zur Poularde legen. Den Zucker in Wein auflösen und angießen.

3. Den Tontopf verschließen und in den kalten Ofen stellen. Die Poularde im Elektroherd bei 225 °C 1 Stunde garen.

4. Die Speisestärke mit ein wenig Wasser anrühren, in die Sauce geben und mit Salz abschmecken.

5. Die Paprikaschoten halbieren, entkernen und in Streifen schneiden. Zum Hühnchen geben und weitere 1/2 Stunde mitgaren. Vor dem Servieren mit Petersilie bestreuen.
(auf dem Foto oben)

Poularde mit Dörrobst

- Zubereitungszeit: ca. 1 3/4 Std.
- Zeit zum Quellen: über Nacht
- ca. 870 kcal je Portion
- Dazu passen Knödel

250 ml ungesüßter Apfelsaft
2 EL Zitronensaft
1 Msp. gemahlener Zimt
250 g getrocknete Pflaumen, entsteint
150 g getrocknete Apfelringe
150 g getrocknete Aprikosen
125 g Sultaninen
1 küchenfertige Poularde (ca. 1200 g)
Salz, frisch gemahlener Pfeffer
50 g Mandelblättchen
1 TL Pflanzenöl

1. Apfelsaft mit Zitronensaft und Zimt verrühren. Die Trockenfrüchte dazugeben und über Nacht quellen lassen.

2. Die Poularde innen und außen salzen und pfeffern.

3. Den Einweichsaft abgießen und auffangen. Die Trockenfrüchte mit den Mandelblättchen mischen, die Hälfte in die Poularde füllen und mit Holzstäbchen zustecken.

4. Die Poularde mit der Brust nach oben in den Tontopf setzen und mit den restlichen Trockenfrüchten umlegen. Den Saft dazugießen.

5. Die Oberseite der Poulardenbrust mit Öl bepinseln. Während des Garvorgangs mehrmals mit dem Saft begießen, damit sie schön braun und knusprig wird.

6. Den Tontopf verschließen und in den kalten Ofen schieben. Die Poularde bei 225 °C im Elektroherd etwa 1 1/2 Stunden garen.
(auf dem Foto unten)

ZEITINTENSIV · SCHARF

ZEITINTENSIV · AROMATISCH

Kasseler im grünen Mantel

- Zubereitungszeit: ca. 1 ½ Std.
- ca. 780 kcal je Portion
- Dazu passen Bratkartoffeln

2 EL Senf
150 g feine Bratwurstfüllung (Brät)
1 kg Kasseler
1 Wirsingkohl
Salz
250 ml Fleischbrühe

1. Den Senf mit dem Brät mischen und das Kasseler damit bestreichen.

2. Vom Wirsingkohl die großen Blätter ablösen und etwa 5 Minuten im kochenden Wasser blanchieren, bis die Blattrispen biegsam sind. Abtropfen lassen.

3. Das Fleisch in die Wirsingblätter einhüllen und in den Tontopf legen. Mit der Fleischbrühe begießen.

4. Den Tontopf verschließen und in den kalten Ofen schieben. Das Kasseler mit dem Wirsing im Elektroherd bei 200 °C etwa ¾ Stunden garen. Dabei das Kasseler mehrmals mit der Brühe übergießen.

5. Die restlichen Kohlblätter kleinschneiden und zum Kasseler geben. Eine weitere ½ Stunde mitgaren.

6. Das Kasseler vorsichtig herausnehmen, in Scheiben schneiden und mit dem Wirsingkohl anrichten.

Kartoffel-Hackfleisch-Auflauf

- Zubereitungszeit: ca. 2 ½ Std.
- ca. 610 kcal je Portion
- Dazu paßt gemischter Salat

1 altbackenes Brötchen
500 g Rinderhackfleisch
2 Eier
Salz
2 TL Curry
1 TL gekörnte Brühe
500 g frische Champignons
600 g Kartoffeln
200 g Crème fraîche
Kräutersalz

1. Das Brötchen in etwas Wasser einweichen, gut ausdrücken und mit dem Hackfleisch und den Eiern zu einem glatten Teig verarbeiten. Mit Salz, Curry und gekörnter Brühe würzen.

2. Die Champignons in Scheiben schneiden. Die Kartoffeln mit dem Gurkenhobel in dünne Scheiben schneiden.

3. Abwechselnd die Fleischmasse, die Champignons und die Kartoffeln in dünnen Schichten in den Tontopf geben. Mit den Kartoffeln als letzte Schicht enden.

4. Die Crème fraîche mit Kräutersalz verrühren und über die Kartoffeln streichen.

5. Den Tontopf verschließen und in den kalten Ofen schieben. Den Auflauf im Elektroherd bei 200 °C etwa 2 Stunden garen.

Schweinerollbraten auf Apfelsauerkraut

- Zubereitungszeit: ca. 2 1/4 Std.
- Zeit zum Marinieren: ca. 2 Std.
- ca. 990 kcal je Portion
- Dazu passen Erbsenpüree und Kartoffeln

Für den Rollbraten:
1 Zwiebel
125 ml Malzbier
4 EL Pflanzenöl
1 EL Senf
1 EL Sojasauce
1 TL Honig
750 g Schweinerollbraten
Salz, grob gemahlener Pfeffer
1/2 TL gemahlener Kümmel

Für das Apfelsauerkraut:
100 g Butterschmalz
1 Zwiebel
1 kg Sauerkraut
3 Äpfel
200 ml Fleischbrühe
Salz
1 Prise Zucker

1. Die Zwiebel fein hacken. Malzbier, 2 Eßlöffel Öl, Senf, die Zwiebel, Sojasauce und Honig zu einer Marinade verrühren.

2. Den Rollbraten mit der Marinade bepinseln, die Marinade beiseite stellen. Den Rollbraten in Alufolie wickeln und im Kühlschrank 2 Stunden durchziehen lassen.

3. Den Braten auswickeln, mit Salz, Pfeffer und Kümmel einreiben. Den Tontopf zusätzlich mit Öl auspinseln und den Rollbraten hineinlegen. Die Marinade darübergießen.

4. Den Tontopf verschließen und in den kalten Ofen schieben. Den Rollbraten im Elektroherd bei 225 °C zunächst 1 Stunde garen.

5. Inzwischen das Schmalz erhitzen, die Zwiebel grob hacken und darin goldgelb rösten. Die Äpfel schälen, entkernen, in Würfel schneiden und dazugeben.

6. Das Sauerkraut ausdrücken und zu den Äpfeln in einen Topf geben. Die Fleischbrühe dazugießen. Alles gut umrühren, mit Salz und Zucker abschmecken.

7. Das Apfelsauerkraut zum Rollbraten geben und weitere 40 Minuten garen.

8. Den Braten herausnehmen, das Netz ablösen und das Fleisch in Scheiben schneiden. Mit dem Apfelsauerkraut anrichten.

Variation:
Sie können auf dieselbe Weise auch einen Rollschinken zubereiten. Ihr Metzger wird Sie beraten.

Krustenbraten

- Zubereitungszeit: ca. 2 1/2 Std.
- ca. 750 kcal je Portion
- Dazu passen Kartoffeln

1 kg Schweineschulter mit Schwarte
2 EL Pflanzenöl
Salz, geschroteter Pfeffer
5 Nelken
2 Zwiebeln
250 ml Fleischbrühe
1 EL Speisestärke

1. Die Schwarte der Schweineschulter rautenförmig einschneiden. Rundherum mit 1 Eßlöffel Öl einpinseln und mit Salz und Pfeffer einreiben. In die Einschnitte die Nelken stecken.

2. Den Tontopf zusätzlich mit Öl auspinseln, das Fleisch mit der Schwarte nach oben hineinlegen. Die Zwiebeln fein hacken und zum Fleisch geben.

3. Den Tontopf verschließen und in den kalten Ofen schieben. Den Krustenbraten im Elektroherd bei 200 °C etwa 2 1/4 Stunden garen.

4. Den Braten herausnehmen und warm stellen. Den Bratensatz mit heißer Fleischbrühe aus dem Tontopf lösen und durch ein Sieb in eine Kasserolle gießen.

5. Mit der Speisestärke binden und abschmecken. Den Braten in Scheiben schneiden und anrichten. Die Sauce getrennt dazu reichen.
(auf dem Foto oben)

Gedünstetes Kalbfleisch

- Zubereitungszeit: ca. 1 1/2 Std.
- ca. 390 kcal je Portion
- Dazu passen Erbsen und Möhren

600 g Kalbfleisch ohne Knochen
1 Zwiebel
30 g Butter oder Margarine
200 g Langkornreis
1 TL Salz
frisch gemahlener Pfeffer
1 EL fein gehackte Petersilie

1. Das Kalbfleisch in gulaschgroße Würfel schneiden. Die Zwiebel fein hacken.

2. Den Tontopf zusätzlich mit flüssiger Butter ausstreichen. Die Fleischwürfel und die Zwiebel hineingeben.

3. Den Topf verschließen und in den kalten Ofen schieben. Das Fleisch bei 225 °C im Elektroherd etwa 40 Minuten garen.

4. Den Reis mit kaltem Wasser in einem Sieb abspülen und abtropfen lassen. Etwa 750 ml Wasser zum Kochen bringen und mit dem Reis in den Tontopf geben.

5. Salzen und pfeffern und weitere 20 bis 25 Minuten garen. Vor dem Servieren mit Petersilie bestreuen.
(auf dem Foto unten)

ZEITINTENSIV · **KNUSPRIG**

BRAUCHT ZEIT · **AROMATISCH**

Wildgulasch

- Zubereitungszeit: ca. 2 Std.
- Marinierzeit: 2–3 Tage
- ca. 590 kcal je Portion
- Dazu passen Spätzle und Preiselbeeren

Für die Marinade:
1 Zwiebel
1 Lorbeerblatt
2 Nelken
4 Wacholderbeeren
250 ml Rotwein
4 EL Obstessig

Für das Fleisch:
1 kg frisches oder TK-Wildgulasch (Hirsch, Reh, Damwild, Wildschwein)

Für die Sauce:
1 Zwiebel
100 g Butterschmalz
2 EL Mehl
1 EL Fleischbrühe
1 TL grüner Pfeffer
250 g Champignons
150 g saure Sahne
Salz
1 Prise Zucker

1. Die Zwiebel kleinschneiden. Die Fleischwürfel mit der Zwiebel, dem Lorbeerblatt, den Nelken und Wacholderbeeren in ein enges Gefäß geben.

2. Rotwein und Obstessig mischen und über die Fleischwürfel gießen. Das Fleisch 2 bis 3 Tage zugedeckt im Kühlschrank marinieren lassen.

3. Das Fleisch abtropfen lassen, die Marinade durch ein Sieb seihen und beiseite stellen.

4. Die Zwiebel würfeln und in Butterschmalz zusammen mit den Fleischwürfeln scharf anbraten. Mit Mehl bestäuben und anbräunen.

5. Das Fleisch in den Tontopf geben. Den Bratensatz mit 150 ml Marinade aus der Pfanne loskochen und über das Fleisch gießen. Tomatenmark, Fleischbrühe und grünen Pfeffer hinzufügen.

6. Den Tontopf verschließen und in den kalten Ofen schieben. Das Wildgulasch im Elektroherd bei 225 °C etwa 70 Minuten garen.

7. Die Champignons blättrig schneiden, mit der sauren Sahne zum Fleisch geben. Mit Salz und Zucker abschmecken und weitere 20 Minuten garen.

AROMA TOPF

Rindfleischplätzchen mit Kartoffeln

- Zubereitungszeit: ca. 2 Std.
- ca. 920 kcal je Portion
- Dazu paßt geriebener Parmesankäse

750 g Kartoffeln
600 g gut abgehangenes Rindfleisch
4 EL Pflanzenöl
250 ml Fleischbrühe
8 Scheiben durchwachsener geräucherter Speck (ca. 250 g)
Salz
frisch gemahlener Pfeffer
150 g saure Sahne
2 EL gehackte Kräuter

1. Die Kartoffeln schälen und in Scheiben schneiden. Das Rindfleisch in acht Scheiben schneiden und in Öl von allen Seiten kräftig anbraten. Herausnehmen.

2. Den Tontopf zusätzlich mit Öl ausstreichen. Den Bratensatz mit der Brühe loskochen.

3. In den Tontopf abwechselnd die Kartoffel-, Fleisch- und Speckscheiben schuppenförmig legen. Alles leicht salzen und pfeffern und die Brühe darübergießen.

4. Den Tontopf verschließen und in den kalten Ofen schieben. Die Rindfleischplätzchen im Elektroherd bei 200 °C etwa 1 Stunde garen.

5. Die Sauce mit Salz und Pfeffer abschmecken. Die Sahne verquirlen und über das Fleisch gießen.

6. Den offenen Tontopf auf die höchste Schubleiste stellen und die Rindfleischplätzchen noch 20 Minuten überbacken. Die Kräuter über die Sahneschicht streuen.
(auf dem Foto oben)

Rouladen im Paprikamantel

- Zubereitungszeit: ca. 2 ½ Std.
- ca. 510 kcal je Portion
- Dazu paßt Reis

1 Zwiebel
200 g Hackfleisch
1 Ei, 1 EL fein gehackte Petersilie
1 TL Paprikapulver, edelsüß
½ TL gekörnte Brühe
Salz, Cayennepfeffer
4 dünne Rouladen (à ca. 150 g)
4 EL Senf, 100 g passierte Tomaten
4 große Paprikaschoten (rot oder grün)
1 TL Speisestärke, 125 g saure Sahne

1. Die Zwiebel klein hacken, mit dem Hackfleisch, dem Ei, der Petersilie und den Gewürzen zu einer glatten Masse verarbeiten.

2. Die Rouladen erst mit Senf, dann mit der Hackfleischmasse bestreichen. Zusammenrollen und mit Spießchen feststecken.

3. Die Rouladen in den Tontopf legen, die Tomaten dazugießen, salzen und pfeffern.

4. Den Topf verschließen, in den kalten Ofen schieben, die Rouladen im Elektroherd bei 220 °C etwa 1 Stunde garen.

5. Von den Paprikaschoten einen »Deckel« abschneiden. Die Rouladen herausnehmen und in die Paprikaschoten füllen. Speisestärke mit saurer Sahne verrühren und in die Sauce hineinrühren. Nochmals mit Salz und Cayennepfeffer abschmecken.

6. Die Paprikaschoten mit der Öffnung nach oben in die Sauce setzen, die »Deckel« wieder darauf setzen und im verschlossenen Tontopf noch 1 Stunde weitergaren.
(auf dem Foto unten)

Lammcurry mit Banane

- Zubereitungszeit: ca. 1 3/4 Std.
- ca. 690 kcal je Portion
- Dazu paßt Reis

Für das Curry:
500 g Lammbraten ohne Knochen
2 TL Curry
1 TL Salz
2 EL Mehl
2 säuerliche Äpfel
2 Zwiebeln
1 grüne Paprikaschote
75 g Rosinen
250 ml Fleischbrühe
150 g süße Sahne

Für die Bananen:
2 Bananen
2 EL Zitronensaft
2 EL Butter
1 TL Curry

Außerdem:
30 g Kokosraspeln
Minzeblätter

1. Das Lammfleisch in dünne Streifen schneiden. Curry, Salz und Mehl mischen und das Fleisch darin wenden.

2. Die Äpfel schälen und in Spalten teilen. Die Zwiebeln in dünne Scheiben schneiden. Die Paprikaschote halbieren, entkernen und in Streifen schneiden.

3. Abwechselnd das Fleisch, die Äpfel, die Zwiebeln, die Paprika und die Rosinen in den Tontopf schichten. Die Fleischbrühe darübergießen.

4. Den Tontopf verschließen und in den kalten Ofen schieben. Den Lammcurry im Elektroherd bei 225 °C etwa 70 Minuten garen. Die Sahne dazugießen und noch 10 Minuten garen.

5. Die Bananen der Länge nach halbieren, mit Zitronensaft beträufeln. Butter in einer Pfanne schmelzen, den Curry hineinrühren und die Bananenhälften darin kurz anbraten.

6. Die Bananen auf das Fleisch legen. Die Kokosraspeln in einer trockenen Pfanne leicht anrösten und die Bananen damit bestreuen. Mit den Minzeblättern garnieren.

Tip:
Falls Sie Lamm nicht mögen, können Sie statt dessen auch Rind-, Schweine- oder Geflügelfleisch verwenden.

FISCH

Einmal als Hausmannskost, einmal ganz fein angerichtet und damit sehr abwechslungsreich präsentieren sich die folgenden Fischgerichte. Gesund aber in jedem Fall, denn das schonende Garen im Tontopf sorgt dafür, daß alle Mineralstoffe und Proteine erhalten bleiben und das zarte Fischfleisch nicht zerfällt.

Goldbarschfiletröllchen

- Zubereitungszeit: ca. 1 Std.
- ca. 520 kcal je Portion
- Dazu passen Butternudeln

2 mittelgroße aromatische Äpfel
Saft von 1 ½ Zitronen
4 bratfertige Goldbarschfilets (ca. 1 kg)
Salz, frisch gemahlener Pfeffer
2 reife Bananen
2 EL mittelscharfer Senf
1 TL Curry
150 g Kräuter-Crème-fraîche
2 EL fein gehackter Dill
4 Kirschtomaten

1. Aus den Äpfeln acht gleichgroße Scheiben schneiden.

2. Die Apfelscheiben mit dem Saft von 1/2 Zitrone beträufeln und nebeneinander in den Tontopf legen.

3. Die Fischfilets der Länge nach halbieren, mit Zitronensaft beträufeln, salzen und pfeffern.

4. Die Bananen mit der Gabel zerdrücken, mit Senf und Curry verrühren und auf die Innenseiten der Filets streichen. Die Filets vom Schwanzende her aufrollen, mit Zahnstochern zustecken und auf die Apfelscheiben setzen.

5. Den Tontopf verschließen und in den kalten Ofen schieben. Die Fischröllchen im Elektroherd bei 200 °C etwa 40 Minuten garen.

6. Die Crème fraîche cremig rühren, auf jedes Fischröllchen ein Häubchen setzen und mit Dill bestreuen. Die Kirschtomaten halbieren und je eine Hälfte auf die Crème fraîche setzen.

Gedünsteter Fisch mit Meerrettichcreme

- Zubereitungszeit: ca. 1 ¼ Std.
- ca. 420 kcal je Portion
- Dazu passen Salzkartoffeln und Blattsalat

Für den Fisch:
1 kg bratfertiger Kabeljau
etwas Zitronensaft
250 ml Weißwein
Salz

Für die Creme:
175 g Crème fraîche
2–3 EL frisch geriebener Meerrettich
1 Prise Zucker
1 Prise frisch gemahlener Pfeffer

1. Den Fisch in vier Portionen teilen. Rundherum mit Zitronensaft beträufeln.

2. Etwa 125 ml Wasser, Wein und Salz mischen und in den Tontopf gießen. Den Fisch hineinlegen.

3. Den Tontopf verschließen und in den kalten Ofen schieben. Den Fisch im Elektroherd bei 200 °C etwa 50 Minuten garen.

4. Inzwischen die Crème fraîche verrühren und mit Zitronensaft, Meerrettich, Zucker und Pfeffer pikant abschmecken.

5. Den Fisch anrichten und die Meerrettichcreme dazureichen.

Gedünsteter Dorsch

- Zubereitungszeit: ca. 1 Std.
- Zeit zum Durchziehen: ca. 1/2 Std.
- ca. 120 kcal je Portion
- Dazu passen Petersilienkartoffeln

1 bratfertiges Schwanzstück vom Dorsch (ca. 1 kg)
etwas Zitronensaft
1 EL Pflanzenöl
Salz
frisch gemahlener Pfeffer
2 Tomaten
2 EL fein gehackter Dill

1. Vom Dorsch Flossen und Schwanz abschneiden. Den Fisch mit Zitronensaft beträufeln und 1/2 Stunde ziehen lassen.

2. Den Fisch und den Tontopf mit Öl bestreichen. Den Fisch hineinlegen, salzen und pfeffern.

3. Den Topf verschließen und in den kalten Ofen schieben. Den Fisch im Elektroherd bei 200 °C etwa 50 Minuten garen.

4. Die Tomaten in Scheiben schneiden und den Fisch damit schuppenartig belegen. Mit Dill bestreuen.

Gefüllter Karpfen

- Zubereitungszeit: ca. 1 1/2 Std.
- ca. 320 kcal je Portion
- Dazu paßt Baguette

1 bratfertiger Karpfen (ca. 1 kg)
etwas Zitronensaft
Salz
1 altbackenes Brötchen
Milch zum Einweichen
2 EL Butter
3 EL fein gehackte Kräuter
(Dill, Kerbel, Petersilie)
1 Ei
1/2 TL abgeriebene Schale von
1 unbehandelten Zitrone
Kräutersalz, weißer Pfeffer
1 EL Pflanzenöl
125 g saure Sahne, Schmand oder
Crème fraîche
3 EL Vollkornsemmelbrösel

1. Den Karpfen innen und außen mit Zitronensaft und Salz einreiben. Das Brötchen in der Milch einweichen und gut ausdrücken.

2. Das Brötchen in eine Pfanne mit 1 Eßlöffel Fett hineinbröckeln und anrösten, bis der Teig sich zu einem Kloß zusammenballen läßt.

3. Die Brötchenmasse mit den Kräutern, dem Ei und der Zitronenschale mischen. Den Fisch damit füllen und mit Holzstäbchen zustecken.

4. Den Tontopf zusätzlich mit Öl ausstreichen und den Karpfen hineinlegen. Den Rest der Butter in Flöckchen auf den Fisch setzen.

5. Den Tontopf verschließen und in den kalten Ofen schieben. Den Karpfen im Elektroherd bei 200 °C etwa 50 Minuten garen.

6. Den Fisch aus dem Ofen nehmen, mit der sauren Sahne bestreichen und mit Semmelbröseln bestreuen.

7. Den Ofen auf höchste Stufe stellen. Den Tontopf offen auf die höchste Schubleiste stellen und den Karpfen noch kurz überbräunen.

Variation:

Sie können statt dem Karpfen auch 2 große Lachsforellen verwenden.

Lachsforelle mit Fenchel

- Zubereitungszeit: ca. 3/4 Std.
- ca. 170 kcal je Portion
- Dazu passen Salzkartoffeln

4 bratfertige Lachsforellenfilets (à ca. 250 g)
6 EL trockener Weißwein
1 große Fenchelknolle (ca. 200 g)
Salz
frisch gemahlener Pfeffer
3 EL Butter

1. Die Lachsforellenfilets mit Weißwein beträufeln und 1/4 Stunde ziehen lassen.

2. Inzwischen den Fenchel in feine Streifen schneiden. Die Lachsforellenfilets der Länge nach halbieren und leicht mit Salz und Pfeffer würzen.

3. Den Tontopf mit 1 Eßlöffel flüssiger Butter zusätzlich auspinseln und die Filets dachziegelartig hineinlegen. Die Fenchelstreifen über dem Fisch verteilen und die restliche Butter in Flöckchen darauf setzen.

4. Den Tontopf verschließen und in den kalten Ofen schieben. Die Filets im Elektroherd bei 200 °C etwa 35 Minuten garen.

Lachs im eigenen Saft

- Zubereitungszeit: ca. ³/₄ Std.
- ca. 810 kcal je Portion
- Dazu paßt ein Glas Weißwein

4 Scheiben Lachs (à ca. 250 g), bratfertig
Saft von 1 Zitrone
3 EL Butter
Kräutersalz
Pfeffer
250 g Kräuter-Crème-fraîche

1. Die Lachsscheiben auf beiden Seiten mit Zitronensaft einreiben. Etwa ¹/₄ Stunde ziehen lassen.

2. Den Tontopf mit 1 Eßlöffel flüssiger Butter auspinseln und die Lachsscheiben nebeneinander hineinlegen.

3. Die Oberfläche mit Salz und Pfeffer bestreuen und den Rest der Butter in Flöckchen darauf setzen.

4. Den Tontopf verschließen und in den kalten Ofen schieben. Die Lachsscheiben bei 200 °C im Elektroherd etwa 35 Minuten garen.

5. Die Crème fraîche verrühren und zum Fisch reichen.

Forelle blau

- Zubereitungszeit: ca. 1 Std.
- ca. 250 kcal je Portion
- Dazu passen Butter und Pellkartoffeln

4 bratfertige Forellen (à 200 g)
Salz
Saft von 1 Zitrone
1 EL Pflanzenöl
200 g süße Sahne
2 EL geriebener Meerrettich
1 TL Zitronensaft
1/2 TL Zucker

1. Die Forellen innen und außen mit Salz einreiben und auf eine Platte legen.

2. Den Zitronensaft bis zum Kochen erhitzen und die Forellen damit beträufeln.

3. Den Tontopf innen mit Öl bestreichen und die Forellen nebeneinander hineinlegen.

4. Den Topf verschließen und in den kalten Ofen schieben. Die Forellen bei 200 °C etwa 35 Minuten garen.

5. Die Sahne inzwischen steif schlagen und mit dem Meerrettich, Zitronensaft und Zucker pikant abschmecken.
(auf dem Foto oben)

Tomaten-Fisch-Topf

- Zubereitungszeit: ca. 1 Std.
- ca. 460 kcal je Portion
- Dazu paßt Reis

1 kg bratfertige Fischfilets
(z. B. Kabeljau oder Rotbarsch)
Saft von 1 Zitrone
Salz
3 EL milder Senf
500 g Fleischtomaten
3 Gemüsezwiebeln
30 g Butter oder Pflanzenmargarine
2 EL fein gehackter Schnittlauch
weißer Pfeffer

1. Die Fischfilets mit Zitronensaft beträufeln, leicht salzen und auf einer Seite mit Senf bestreichen.

2. Die Filets quer in etwa 3 cm breite Streifen schneiden. Die Tomaten in Scheiben schneiden. Leicht mit Salz bestreuen. Die Fischstreifen und Tomatenscheiben abwechselnd fächerartig in Reihen in den Tontopf schichten.

3. Die Zwiebeln fein würfeln und im heißen Fett andünsten. Mit dem Schnittlauch über die Tomatenscheiben und den Fisch streuen, mit Pfeffer bestreuen.

4. Den Tontopf verschließen und in den kalten Ofen schieben. Den Tomaten-Fisch-Topf bei 200 °C im Elektroherd etwa 3/4 Stunden garen.
(auf dem Foto unten)

BRAUCHT ZEIT · **AROMATISCH**

BRAUCHT ZEIT · **WÜRZIG**

Forelle mit Krabben

- Zubereitungszeit: ca. 1 1/4 Std.
- ca. 440 kcal je Portion
- Dazu paßt Baguette

4 bratfertige Forellen (à 250 g)
etwas Zitronensaft
Salz
frisch gemahlener weißer Pfeffer
4 Zweige Petersilie
250 ml trockener Weißwein
150 g frisches oder
TK-Krabbenfleisch
8 Oliven, entkernt
2 EL Semmelmehl
2 EL Butter
1 Bund Dill
4 Scheiben Zitrone
250 g süße Sahne
2 TL Speisestärke
1 TL fein gehacktes Basilikum
1 Prise Zucker

1. Von den Forellen den Kopf, den Schwanz und die Flossen abschneiden. Die Forellen von allen Seiten mit Zitronensaft einreiben, salzen, pfeffern und mit je 1 Petersilienzweig füllen.

2. Den Tontopf zusätzlich mit flüssiger Butter ausstreichen, die Forellen hineinlegen und mit dem Wein begießen.

3. Den Tontopf verschließen und in den kalten Ofen schieben. Die Forellen im Elektroherd bei 200 °C etwa 50 Minuten garen.

4. Die Oliven in Scheiben schneiden und mit den Krabben über die Forellen verteilen. Das Semmelmehl darüberstreuen und 2 Eßlöffel Butter in Flöckchen darauf setzen.

5. Den Tontopf auf die höchste Schubleiste stellen und die Forellen offen 10 bis 15 Minuten überbacken.

6. Die Forellen auf vorgewärmten Tellern mit den Dillzweigen und den Zitronenscheiben garnieren.

7. Den Fischsud in eine Kasserolle gießen. Die Sahne mit der Speisestärke verquirlen, zum Sud geben und die Sauce kurz aufkochen lassen. Das Basilikum hinzufügen und mit Salz, Zucker und Zitronensaft abschmecken. Die Sauce zum Fisch reichen.

Variation:

Sie können statt der Forellen auch 2 große Lachsforellen verwenden. Das rötliche Fleisch ist besonders saftig und aromatisch.

SÜSSES AUS DEM TONTOPF

Kaum zu glauben, auch fruchtig-süße Leckerbissen lassen sich ohne Schwierigkeiten im Tontopf zaubern. Reicht man dazu süße Saucen, Früchte oder Kompott, so ergibt das ein ganz besonderes kulinarisches Vergnügen.

Hefepudding mit Sultaninen

- Zubereitungszeit: ca. 1 1/4 Std.
- Zeit zum Gehen: ca. 1/2 Std.
- ca. 730 kcal je Portion
- Dazu passen Fruchtsaucen oder Kompotte

250 g Mehl
1 Päckchen Trockenhefe
abgeriebene Schale einer unbehandelten Zitrone
1 Prise Salz
80 g Zucker
1 Päckchen Vanillezucker
80 g Butter
ca. 125 ml Milch
2 Eier
100 g Sultaninen
50 g gehackte Mandeln
1 EL flüssige Butter

1. Das Mehl mit der Hefe, der Zitronenschale, Salz, Zucker und dem Vanillezucker in einer Schüssel mischen.

2. Die Butter in lauwarmer Milch auflösen. Die Eier verquirlen und alles zum Mehl geben. Einen glatten Teig rühren und ihn so lange schlagen, bis er Blasen wirft.

3. Die Sultaninen mit den Mandeln unter den Teig rühren.

4. Den Tontopf zusätzlich mit Butter ausstreichen und den Teig hineinlegen. Der Tontopf darf nur halb gefüllt sein.

5. Den Tontopf verschließen und den Teig $^1/_2$ Stunde an einem warmen Ort gehen lassen. Den Ofen auf 50 °C vorheizen. Sobald sich der Teig verdoppelt hat, den Tontopf in den Ofen schieben und den Hefepudding bei 200 °C im Elektroherd etwa 1 Stunde garen.

Tip:
Wird die Zuckermenge auf ein Viertel reduziert, läßt sich der Pudding auch als originelle Beilage zu einem Braten reichen.

BRAUCHT ZEIT
SÜSS

Pfirsich-Mohn-Auflauf

- Zubereitungszeit: ca. 1 3/4 Std.
- ca. 800 kcal je Portion
- Dazu paßt Vanillesauce

600 g Pfirsiche, 500 ml Milch
abgeriebene Schale von
1/2 unbehandelten Zitrone
125 g süße Sahne
150 g gemahlener Mohn
125 g kleine Nudeln
100 g Sultaninen
50 g Butter, 80 g Zucker
4 Eier, 1 Päckchen Vanillezucker
3 EL Butter

1. Die Pfirsiche mit kochendem Wasser überbrühen, kalt abschrecken und enthäuten. Die Früchte halbieren und entkernen.

2. Die Milch mit dem Salz und der Zitronenschale aufkochen, die Nudeln darin auf kleiner Flamme quellen lassen, bis sie bißfest sind. Auskühlen lassen.

3. Die Sultaninen mit der Sahne, dem Mohn und 2 Eßlöffeln Zucker in einem Topf verrühren und zu einem Brei kochen. Abkühlen lassen. Die Pfirsichhälften würfeln und darunterheben.

4. Die Eier trennen. Die Eigelbe mit Butter und restlichem Zucker schaumig rühren. Mit den Nudeln unter die Mohnmasse mischen. Die Eiweiße mit dem Vanillezucker steif schlagen und darunterheben.

5. Den Tontopf mit 1 Eßlöffel flüssiger Butter ausstreichen und dann die Nudelmasse hineinfüllen.

6. Die restliche Butter in Flöckchen auf den Auflauf setzen. Den Tontopf verschließen und in den kalten Ofen schieben. Den Auflauf bei 200 °C etwa 80 Minuten garen.
(auf dem Foto oben)

Biskuitpudding

- Zubereitungszeit: ca. 1 1/4 Std.
- ca. 320 kcal je Portion
- Dazu paßt Schokoladensauce oder Kompott

4 Eier
100 g Zucker
1 Päckchen Vanillezucker
abgeriebene Schale von
1 unbehandelten Zitrone
60 g Mehl
60 g Speisestärke
1/2 TL Backpulver
4 EL Milch
1 Prise Salz

1. Die Eier trennen. Die Eigelbe mit dem Zucker und dem Vanillezucker schaumig rühren und die Zitronenschale darunterheben.

2. Mehl mit Speisestärke und Backpulver mischen und unter den Eierschaum rühren.

3. Die Eiweiße mit dem Salz zu steifem Schnee schlagen. Den Eischnee locker mit dem Schneebesen unter den Teig heben und die Masse in den Tontopf füllen.

4. Den Tontopf verschließen und in den kalten Ofen schieben. Den Pudding im Elektroherd bei 200 °C etwa 1 Stunde garen.

5. Den Pudding etwas abkühlen lassen und auf eine Platte stürzen. Der Biskuitpudding kann warm oder kalt in Scheiben geschnitten und serviert werden.
(auf dem Foto unten)

ZEITINTENSIV · **FRUCHTIG**

BRAUCHT ZEIT · **ALLERFEINST**

Süßer Kartoffelauflauf mit Äpfeln

- Zubereitungszeit: ca. 1 ½ Std.
- ca. 700 kcal je Portion
- Dazu paßt ein Glas Cidre

500 g Kartoffeln
Salz
500 g säuerliche Äpfel
Zitronensaft
160 g Butter
4 EL Zucker
abgeriebene Schale von
½ unbehandelten Zitrone
1 Prise Zimt
50 g Korinthen
4 Eier
1 EL Mehl
2 EL Milch
4 Stücke Vollkornzwieback

1. Die Kartoffeln als Pellkartoffeln in Salzwasser kochen.

2. Die Äpfel schälen, entkernen, in dünne Scheiben schneiden und dann mit Zitronensaft beträufeln.

3. 2 Eßlöffel Butter mit 2 Eßlöffel Zucker in einem Topf schmelzen lassen, die Zitronenschale und den Zimt hineinrühren und die Äpfel kurz darin andünsten.

4. Die Korinthen darunterrühren und das Ganze erkalten lasen.

5. Die noch heißen Kartoffeln schälen und durchpressen, ebenfalls abkühlen lassen.

6. Die restliche Butter schaumig schlagen. Die Eier trennen. Das Mehl in die Milch hineinrühren. Unter die Butter nach und nach die Eigelbe, die Mehlmilch und die Kartoffelmasse mischen. Die Eiweiße steif schlagen und darunterrühren.

7. Die Apfelscheiben in den Tontopf schichten, Die Kartoffelmasse darüberstreichen. Der Tontopf darf nur zu drei Viertel gefüllt sein. Den Tontopf verschließen und in den kalten Ofen schieben. Den Auflauf im Elektroherd bei 200 °C etwa 1 Stunde garen.

8. Die Zwiebäcke fein zerbröseln und mit etwas Butter und einem Eßlöffel Zucker in einer Pfanne anrösten. Nach Belieben noch eine Prise Zimt dazugeben. Über den Auflauf streuen und sofort servieren.

Variation:

Sie können statt Kartoffeln auch Reis verwenden. Sie kochen dann zuerst etwa 150 g Rundkornreis in einem halben Liter Milch und fahren mit Punkt 2 der Rezeptanweisung fort.

KERAMAT

Aprikosenauflauf

- Zubereitungszeit: ca. 1 3/4 Std.
- ca. 650 kcal je Portion
- Dazu paßt Vanillesauce

625 ml Milch
1 Prise Salz
150 g Rundkornreis
1 Päckchen Vanillepuddingpulver
750 g frische Aprikosen
3 Eier, 100 g Zucker
125 g Quark
1 Päckchen Backpulver
1/2 Päckchen Vanillezucker
3 EL Butter
2 EL Zwiebackbrösel

1. Einen halben Liter der Milch mit dem Salz aufkochen. Den Reis darin ausquellen lassen.

2. Das Puddingpulver in der restlichen Milch verquirlen, unter den Reis rühren und die Masse erkalten lassen.

3. Die Aprikosen mit kochendem Wasser überbrühen, enthäuten, halbieren und entsteinen.

4. Die Eier trennen und die Eigelbe mit dem Zucker und dem Quark schaumig rühren. Das Backpulver und die abgekühlte Reismasse hinzufügen. Die Eiweiße mit dem Vanillezucker steif schlagen und unter die Reismasse heben.

5. Den Tontopf zusätzlich mit 1 Eßlöffel flüssiger Butter ausstreichen. Die Reismasse und die Aprikosenhälften hineinschichten. Mit einer Reisschicht abschließen.

6. Die Zwiebackbrösel darüberstreuen und die restliche Butter in Flöckchen darauf setzen.

7. Den Tontopf verschließen und in den kalten Ofen schieben. Den Auflauf im Elektroherd bei 200 °C etwa 1 Stunde garen.
(auf dem Foto oben)

Weißbrot-Kirsch-Pudding

- Zubereitungszeit: ca. 1 1/2 Std.
- ca. 580 kcal je Portion
- Dazu paßt Vanillesauce

4 altbackene Milchbrötchen
250 ml Milch
500 g Sauerkischen
3 Eier
75 g Butter
100 g Zucker
1/2 TL Zimt
125 g Magerquark
1 Päckchen Vanillezucker
1 EL Butter

1. Die Brötchen in Scheiben schneiden und in der Milch einweichen. Die Sauerkirschen entsteinen. Die Eier trennen.

2. Die Butter mit Zucker, Zimt und den Eigelben schaumig rühren. Das Brötchen ausdrücken und in die Masse rühren. Zuletzt den Quark hinzufügen.

3. Die Eiweiße mit dem Vanillezucker steif schlagen und locker unter die Masse heben. Den Tontopf zusätzlich mit Butter ausstreichen und die Puddingmasse hineinfüllen.

4. Den Tontopf verschließen und in den kalten Ofen schieben. Den Pudding im Elektroherd bei 200 °C etwa 1 Stunde garen.
(auf dem Foto unten)

ZEITINTENSIV · **FRUCHTIG**

BRAUCHT ZEIT · **FEIN**

Gefüllte Äpfel

- Zubereitungszeit: ca. 3/4 Std.
- ca. 180 kcal je Portion
- Dazu paßt Schlagsahne oder Vanilleeis

50 g Rosinen
120 ml Apfelsaft
4 mittelgroße säuerliche Äpfel
4 TL Honig
4 TL Butter

1. Die Rosinen im Apfelsaft einweichen. Von den Äpfeln das Kerngehäuse ausstechen.

2. Die Rosinen in die Äpfel füllen, auf jeden Apfel 1 Teelöffel Honig und Butter geben und die Äpfel in den Tontopf setzen. Den Apfelsaft angießen.

3. Den Tontopf verschließen und in den kalten Ofen schieben. Die Äpfel im Elektroherd bei 200 °C etwa 40 Minuten garen.

Variation:
Sie können, falls keine Kinder unter den Naschkatzen sind, die Rosinen statt in Apfelsaft auch in Rotwein oder Rum einweichen.

EINFACH GUT

Jeder Titel mit 64 Seiten, ca. 50 Farbfotos, kartoniert.

DM 9,90, S 79,–, SFr 10,90
ISBN: 3-8068-**1349**-3

DM 9,90, S 79,–, SFr 10,90
ISBN: 3-8068-**1299**-3

DM 9,90, S 79,–, SFr 10,90
ISBN: 3-8068-**1289**-6

DM 9,90, S 79,–, SFr 10,90
ISBN: 3-8068-**1291**-8

DM 9,90, S 79,–, SFr 10,90
ISBN: 3-8068-**1290**-X

DM 9,90, S 79,–, SFr 10,90
ISBN: 3-8068-**1346**-9

In der Reihe EINFACH GUT sind ebenfalls erschienen:

Cocktails und Drinks
ISBN: 3-8068-**1292**-6

Nudelgerichte
ISBN: 3-8068-**1293**-4

Rezepte für 1 Person
ISBN: 3-8068-**1294**-2

Aufläufe
ISBN: 3-8068-**1295**-0

Waffeln
ISBN: 3-8068-**1296**-9

Kartoffelgerichte
ISBN: 3-8068-**1297**-7

Fondues
ISBN: 3-8068-**1298**-5

Braten auf dem heißen Stein
ISBN: 3-8068-**1300**-0

Gemüsegerichte
ISBN: 3-8068-**1347**-7

Geflügelgerichte
ISBN: 3-8068-**1348**-5

Rezepte für Tisch- und Gartengrill
ISBN: 3-8068-**1351**-5

Pizza
ISBN: 3-8068-**1352**-3

Jeder Titel **DM 9,90**, S 79,–, SFr 10,90

Rezeptverzeichnis

Dieses Buch gehört zu einer Kochbuchreihe, die die beliebtesten Themen aus dem Bereich Essen und Trinken aufgreift. Fragen Sie Ihren Buchhändler.

Der Verlag dankt der Firma Scheurich, Kleinheubach, für die freundliche Unterstützung.

Dieses Buch wurde auf chlorfrei gebleichtem und säurefreiem Papier gedruckt.

ISBN 3 8068 1332 9

Umschlaggestaltung: Peter Udo Pinzer
Redaktion der Nachauflage: Astrid Waller
Titelbild: TLC-Foto-Studio GmbH, Velen-Ramsdorf (Rezept »Paprikahühnchen«, Seite 28)
Fotos: Seite 5: Scheurich Keramikfabrik, Kleinheubach; Seite 1, 2, 6, 11 unten, 19, 20, 29 oben, 42, 53, 54 und 57 oben: FALKEN Archiv; alle anderen Fotos: TLC-Foto-Studio GmbH, Velen-Ramsdorf
Rezeptauswahl: Sabine Kieslich
Produktion: VerlagsService Dr. Helmut Neuberger & Karl Schaumann GmbH, Heimstetten
Satz: Fotosatz Völkl, Puchheim
Druck: Sebald Sachsendruck, Plauen

817 2635 44